# My first book of
### East African
# Birds

**Dave Richards**
Illustrated by
**Jennifer Schaum**

# Introduction Kitambulisho Einleitung Introduction

East Africa is home to more than 1 400 different birds, many of them colourful and quite tame. This book will help you to recognize a few of the more common birds to be seen in your garden and in wildlife areas.

Ndege zaidi ya 1 400 tofauti hupatikana nchini Afrika Mashariki. Wengi wao niwarangi ya kupendeza na hata zinaweza kufugua. Kitabu hiki itakusaidia kwa kutambua baadhi ya ndege wachacha wanao patikana karibu na bustani au mbuga za wanyama..

Ost-Afrika ist die Heimat von mehr als 1 400 verschiedenen Vogelarten, viele von ihnen bunt und zutraulich. Dieses Buch hilft dir, ein paar der bekannteren Vögel, die in deinem Garten und in der Natur leben, zu erkennen.

L'Afrique de l'Est abrite plus de 1 400 oiseaux différents, beaucoup d'entre eux sont colorés et assez apprivoisés. Ce livre t'aidera à reconnaître quelques-uns des oiseaux les plus fréquents dans ton jardin et dans la nature.

## Birds' bills are specially shaped to suit the type of food they eat: nectar, seeds, fruit, insects, even reptiles or small mammals.

Busu za ndege huwa zime umbwa haswa kulingana na chakula ambayo wanacho kula kama nekta, mbegu, matunda, na pia mtambaazi na wanyama wengine wadogo.

Vogel-Schnäbel sind so geformt, dass sie für sein Futter geeignet sind: Nektar, Körner, Früchte, Insekten, sogar Reptilien oder kleine Säugetiere.

Le bec des oiseaux est spécialement adapté au type de nourriture qu'ils mangent : le nectar, les graines, les fruits, les insectes, même les reptiles ou les petits mammifères.

Thick bills can crush seeds

Busu nene zinaweza kuvunja mbegu

Dicke Schnäbel können Körner aufbrechen

Un bec épais permet d'écraser les graines

Long, dagger-like bills can spear fish

Busu nyembamba zilozofanana kama kisu inatumika kwa mawindo ya samaki kwa kuzidunga

Lange, dolchförmige Schnäbel können Fische aufspießen

Un bec long et acéré permet de transpercer les poissons

Hooked bills help tear meat

Busu hangue inatumika kurarua nyama

Mit hakenförmigen Schnäbeln kann Fleisch herausgerissen werden

Un bec crochu aide à déchiqueter la viande

Long, slender bills can probe flowers for nectar

Busu zilizo nyembamba na ndefu hutumika kudungadunga maua ili kunyonya nekta

Lange, dünne Schnäbel können in einer Blüte Nektar suchen

Un long bec fin permet de chercher le nectar dans les fleurs

Short, straight bills can catch insects

Busu nyembamba na fupi hutumika kunyaka wadudu

Mit kurzen, geraden Schnäbeln können Vögel Insekten fangen

Un bec court et droit aide à attraper les insectes

# Birds' tracks on the ground can tell us where they live and how they search for food.

Maburuzo au nyayo za ndege zinaweza kulekeza mahali wanapoishi na vile hujitafutia chakula

Die Fußspuren auf dem Boden zeigen uns, wo sie leben und wie sie ihr Futter suchen

Les empreintes des oiseaux sur le sol peuvent nous dire où ils habitent et comment ils cherchent leur nourriture

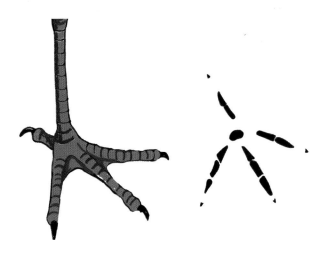

Usually, birds have three toes in front and one at the back

Kwa kawaida ndege hua na vidole vitatu vya miguu, moja mbele na zingine zikielekea nyuma

Normalerweise haben Vögel drei Zehen, die nach vorne und einen, der nach hinten zeigt

Généralement les oiseaux ont trois orteils devant et un orteil derrière

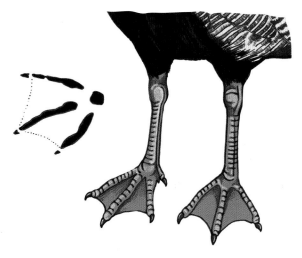

Ducks have webbed feet for swimming

Bata hua na vidole kama tandabui inayotumika kuogelea

Enten haben Schwimmhäute zwischen den Zehen

Les canards ont des pieds palmés pour nager

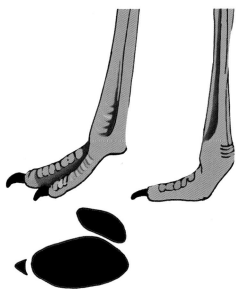

Ostriches have just two strong toes on each foot to help them run faster

Mbuni wana vidole viwili madhubuti kwa kila mguu na husaidia kukimbia na mbio

Der Vogelstrauß hat nur zwei starke Zehen an jedem Fuß, damit er schneller laufen kann

Les autruches ont juste deux gros orteils à chaque pied ce qui les aide à courir plus vite

Strong claws help birds catch and tear prey

Makucha magumu huwezesha ndege kushika na kurarua mateka

Starke Krallen helfen den Vögeln, ihre Beute zu fangen und zu zerreißen

Des griffes fortes aident les oiseaux à attraper les oiseaux et à déchiqueter leur proie

# Birds lay their eggs and raise their young in nests, which differ according to each bird's needs.

Ndege hutaga mayai yake
na kulea vifaranga kwa viota,
na nikulingana na tabia
za ndege tofauti.

Vögel legen ihre Eier und
ziehen ihre Jungen in Nestern
auf, die ihren Bedürfnissen
angepasst sind.

Les oiseaux pondent leurs oeufs
et élèvent leurs petits dans
des nids, qui diffèrent selon les
besoins des oiseaux.

Some weavers build grass nests that hang from vegetation

Kwera wengine hujenga viota vya nyasi zinazotungika kwa mimea

Manche Weber bauen Grasnester, die an starken Pflanzen
befestigt sind

Certains tisserins construisent des nids accrochés
à des plantes

Woodpeckers,
hornbills and hoopoes
lay their eggs in holes
in tree trunks

Ndege Kigongo'ta,
Hondohondo na Huduhudi
hutaga mayai kwa
mashimo zilizo ndani ya
migogo ya miti

Spechte, Nashornvögel
und Wiedehopfe legen
ihre Eier in Löchern in
Baumstämmen

Les pics, les calaos et
les huppes pondent leurs
oeufs dans les trous des
troncs d'arbres

Some birds of prey nest on
rocky ledges

Ndege windaji hujenga matago
yao kwenye maeneo ya mawe

Manche Raubvögel nisten auf
Felsenvorsprüngen

Certains oiseaux de proie
nichent sur des rebords
rocailleux

Pigeons and doves
build shallow nests of twigs

Kunda ama njiwa na tetere hujenga
viota vidogo vya vijiti

Tauben bauen sich flache Nester
aus dünnen Zweigen

Les pigeons et les tourterelles
construisent des nids peu profonds
avec des branchettes

Lapwings, cranes and
ostriches lay their eggs in
a scrape on the ground

Kiluwiluwi, korongo na mbuni
hutaga mayai ndani ya
komba kwa ardhi

Kiebitze, Kraniche und
Vogelstrauß legen ihre
Eier in eine in den Boden
gekratzte Vertiefung

Les vanneaux, les grues
et les autruches pondent
leurs oeufs dans un endroit
gratté sur le sol

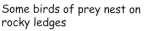

4

# How to use this book Njia za kutumia kitabu hiki
## Wie du dieses Buch gebrauchen kannst Comment utiliser ton livre

Each page of this book introduces a new bird, and tells you something about it.
Kila ukurasa cha kitabu hiki hukujulisha juu ya ndege na pia kujulisha jambo maalum juu yake.
Auf jeder Seite in diesem Buch wird ein anderer Vogel beschrieben und etwas über ihn berichtet.
Chaque page de ce livre te montre un nouvel oiseau, et te raconte quelque chose à son sujet.

A notebook appears with each bird, and it shows you:
Daftari hufumbuka na kila ndege na hukufahamisha:
Bei jedem Vogel ist eine Notizblockseite, auf der du siehst:
Un carnet apparaît avec chaque oiseau, et il te montre:

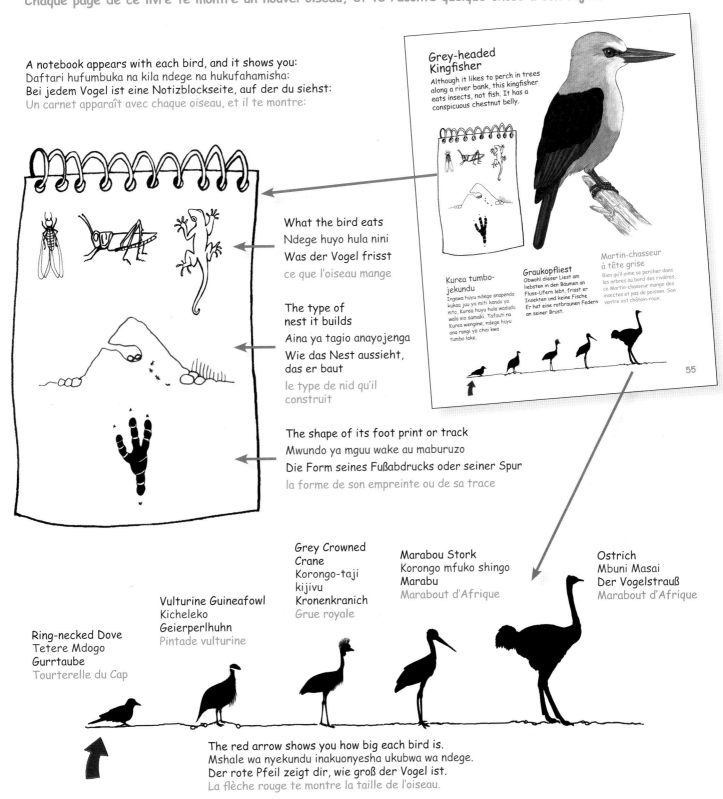

Grey-headed Kingfisher
Although it likes to perch in trees along a river bank, this kingfisher eats insects, not fish. It has a conspicuous chestnut belly.

Kurea tumbo-jekundu
Ingawa huyu ndege anapenda kukaa juu ya miti kando ya mto, Kurea huyu hula wadudu wala sio samaki. Tofauti na Kurea wengine, ndege huyu ana rangi ya chai kwa tumbo lake.

Graukopfliest
Obwohl dieser Liest am liebsten in den Bäumen an Fluss-Ufern lebt, frisst er Insekten und keine Fische. Er hat eine rotbraunen Federn an seiner Brust.

Martin-chasseur à tête grise
Bien qu'il aime se percher dans les arbres au bord des rivières, ce Martin-chasseur mange des insectes et pas de poisson. Son ventre est châtain-roux.

55

What the bird eats
Ndege huyo hula nini
Was der Vogel frisst
ce que l'oiseau mange

The type of nest it builds
Aina ya tagio anayojenga
Wie das Nest aussieht, das er baut
le type de nid qu'il construit

The shape of its foot print or track
Mwundo ya mguu wake au maburuzo
Die Form seines Fußabdrucks oder seiner Spur
la forme de son empreinte ou de sa trace

Ring-necked Dove
Tetere Mdogo
Gurrtaube
Tourterelle du Cap

Vulturine Guineafowl
Kicheleko
Geierperlhuhn
Pintade vulturine

Grey Crowned Crane
Korongo-taji kijivu
Kronenkranich
Grue royale

Marabou Stork
Korongo mfuko shingo
Marabu
Marabout d'Afrique

Ostrich
Mbuni Masai
Der Vogelstrauß
Marabout d'Afrique

The red arrow shows you how big each bird is.
Mshale wa nyekundu inakuonyesha ukubwa wa ndege.
Der rote Pfeil zeigt dir, wie groß der Vogel ist.
La flèche rouge te montre la taille de l'oiseau.

# Common Ostrich

This is the world's largest bird. It cannot fly but it can run very fast. The male bird is black with white wings and the female is brown.

## Der Vogelstrauß

Das ist der größte Vogel der Welt! Fliegen kann er zwar nicht, aber sehr schnell laufen. Das Männchen ist schwarz mit weißen Flügeln und das Weibchen ist braun.

## Mbuni Masai

Ndege huyu anatambulika kuwa mkubwa zaidi kuliko wengine ulimwenguni. Hawezi kupeperuka lakini anambio sana. Ndege dume ana mabawa meupe na kike ana mabawa ya rangi ya udongo.

## Autruche d'Afrique

C'est le plus grand oiseau du monde. Il ne peut pas voler mais il peut courir très vite. Le mâle est noir avec des ailes blanches et la femelle est brun-gris.

# Long-crested Eagle

This eagle has a long, floppy crest. It is often seen perched on telephone poles from where it hunts mice and rats, making it very useful to man.

### Tai Ushungi (Tai Kishungi)

Tai huyu anakilemba kirefu iliyo chepesi. Anaonekana sana ikipaa juu ya milingoti za simu akiwatega panya. Kwa njia hiyo anafaida kwa binadamu.

### Schopfadler

Der Adler hat einen langen, schlaffen Kamm. Du siehst ihn oft auf Telegraphen-Stangen hocken, von wo aus er Mäuse und Ratten jagt. Darum ist er ein sehr nützliches Tier.

### Aigle huppard

Cet aigle a une longue crête lâche. On l'aperçoit souvent perché sur les poteaux télégraphiques d'où il chasse les souris et les rats, ce qui est très utile pour nous les humains.

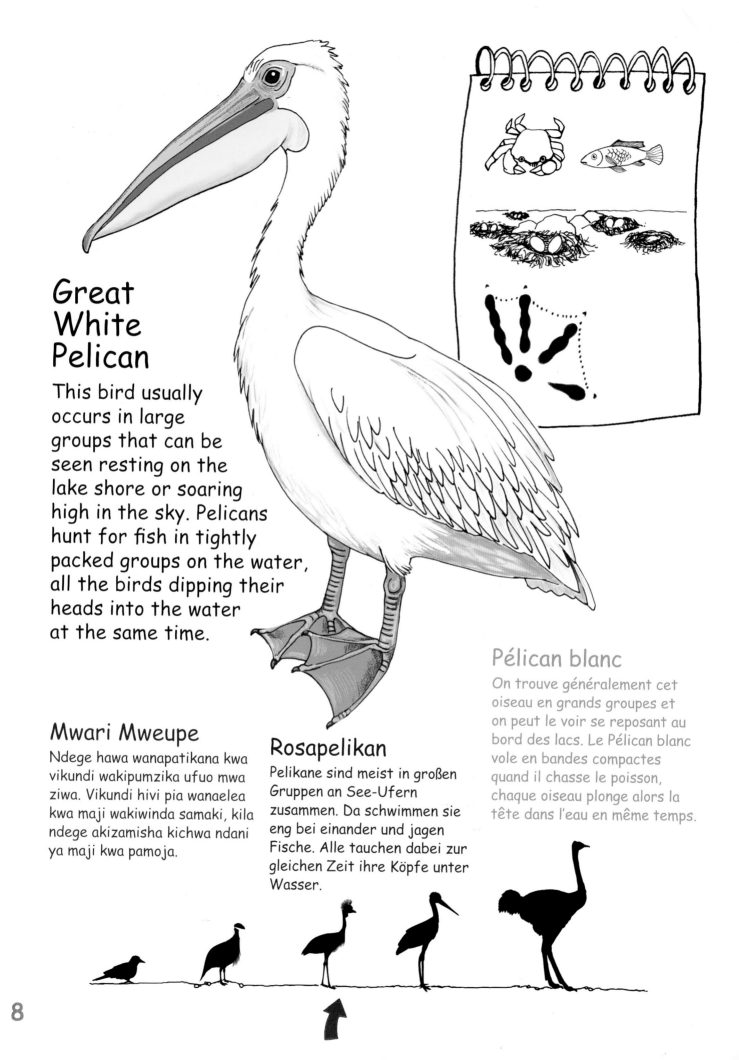

# Great White Pelican

This bird usually occurs in large groups that can be seen resting on the lake shore or soaring high in the sky. Pelicans hunt for fish in tightly packed groups on the water, all the birds dipping their heads into the water at the same time.

## Mwari Mweupe

Ndege hawa wanapatikana kwa vikundi wakipumzika ufuo mwa ziwa. Vikundi hivi pia wanaelea kwa maji wakiwinda samaki, kila ndege akizamisha kichwa ndani ya maji kwa pamoja.

## Rosapelikan

Pelikane sind meist in großen Gruppen an See-Ufern zusammen. Da schwimmen sie eng bei einander und jagen Fische. Alle tauchen dabei zur gleichen Zeit ihre Köpfe unter Wasser.

## Pélican blanc

On trouve généralement cet oiseau en grands groupes et on peut le voir se reposant au bord des lacs. Le Pélican blanc vole en bandes compactes quand il chasse le poisson, chaque oiseau plonge alors la tête dans l'eau en même temps.

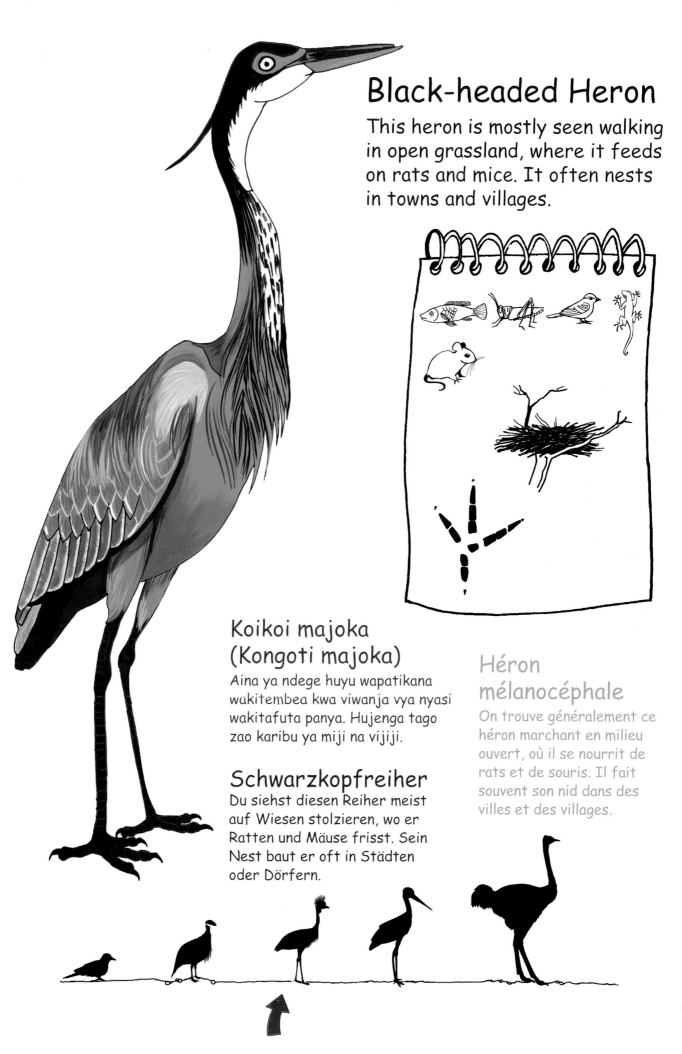

# Black-headed Heron

This heron is mostly seen walking in open grassland, where it feeds on rats and mice. It often nests in towns and villages.

## Koikoi majoka (Kongoti majoka)

Aina ya ndege huyu wapatikana wakitembea kwa viwanja vya nyasi wakitafuta panya. Hujenga tago zao karibu ya miji na vijiji.

## Schwarzkopfreiher

Du siehst diesen Reiher meist auf Wiesen stolzieren, wo er Ratten und Mäuse frisst. Sein Nest baut er oft in Städten oder Dörfern.

## Héron mélanocéphale

On trouve généralement ce héron marchant en milieu ouvert, où il se nourrit de rats et de souris. Il fait souvent son nid dans des villes et des villages.

# Cattle Egret

These egrets follow herds of cattle, buffalo and wildebeest, feeding on insects that are disturbed by the animals as they graze. They are sometimes incorrectly called 'tick birds'.

## Yangeyange

Yangeyange hawa hufuata ngombe, nyati na ngati wakila wadudu wanopeperushwa na wanyama hawa wakati wakula nyasi. Mara nyingi ndege hawa huitwa 'ndege kupe'.

## Kuhreiher

Diese Reiher folgen Herden von Kühen, Büffeln oder Gnus. Sie fressen die Insekten, die auffliegen, wenn die Tiere weiden. Sie werden manchmal auch 'Zecken-Vögel' genannt.

## Héron garde-boeufs

Ce héron suit les troupeaux de boeufs, de buffles et de gnous, se nourrissant d'insectes que les animaux dérangent en se déplaçant pour brouter. On l'appelle parfois 'l'oiseau tique'.

# Marabou Stork

This large stork mostly scavenges, feeding with the vultures at kills in our wildlife areas. It is common in towns, where it nests in trees, often in the main streets. Its throat-pouch is an air sac, used to cool the bird.

## Korongo mfuko shingo

Chakula cha kawaida cha Korongo ni mabakio ya wanyama wengine mbugani. Hupatikana mijini waki jenga tago juu ya miti. Mfuko shingoni ya ndege huyo ni ya upepo ikisaidia kuipatia hewa wakati wa joto.

## Marabu

Diese großen Störche fressen meist Abfall. Du siehst sie oft mit Aasgeiern zusammen bei toten Tieren in der Wildnis, oder in Städten, sogar auf großen Straßen. Sie bauen ihre Nester auf Bäumen. Ihr Kehlsack ist voll Luft, die sie zur Kühlung brauchen.

## Marabout d'Afrique

Cette grande cigogne fouille surtout les dépôts d'ordure et en milieu sauvage elle se nourrit des carcasses d'animaux en compagnie des vautours. On la trouve aussi dans les villes, où elle niche dans les arbres, souvent dans la rue principale. Sous le cou elle a un sac à air qui sert à la rafraîchir.

# Lesser Flamingo

Huge flocks of Lesser Flamingos gather on lakes in the Rift Valley, fringing the lakes with pink as the birds feed on algae that grows in the alkaline lake water.

## Heroe Mdogo

Vikundi vya ndege hawa hukusanyika kwa visiwa vya Bonde la Ufa, wakizingira ziwa. Rangi yao ya waridi huonekana wakila. Chakula chao ni ladu inayopatikana kwa maji ya chumvi kiasi haswa kwa visiwa vya Bonde la Ufa.

## Zwergflamingo

Riesige Schwärme Zwergflamingos versammeln sich auf den Seen des Rift Valley und sitzen wie ein rosa Rahmen um die Ufer. Dort fressen sie Algen, die im alkalischen Seewasser wachsen.

## Flamant nain

D'immenses bandes de Flamants nains se rassemblent sur les lacs de la vallée du Rift, colorant de rose ces lacs lorsqu'ils vont manger les algues qui poussent dans l'eau alcaline.

12

# Hamerkop

This unusual bird has a large, hammer-shaped head. It is found along the edges of lakes and rivers, where it hunts for fish and frogs. It builds a gigantic dome-shaped nest of sticks.

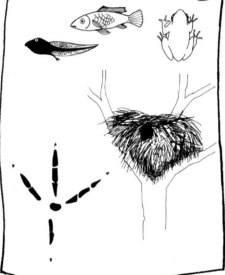

## Msingwe

Ndege huyu ni wakitafauti na ana kichwa kikubwa chenye mfano wa nyundo. Anapatikana kando ya ziwa na mito, akiwinda samaki na chura. Anajenga tago kubwa aina ya mzunguko kutumia vijiti.

## Schuhschnabel

Dieser ungewöhnliche Vogel hat einen großen, hammerförmigen Kopf. Du siehst ihn an Ufern von Seen und Flüssen, wo er Fische und Frösche jagt. Aus Stöcken baut er sich ein riesengroßes, gewölbtes Nest.

## Ombrette africaine

Cet oiseau étrange a une grande tête en forme de marteau. On le trouve au bord des lacs et des rivières, où il chasse les poissons et les grenouilles. Il construit son nid en forme de dôme avec un tas de branchages.

# Hadeda Ibis

Although this bird lives mainly in swamps, marshes and riversides, it is also common in cities and towns, where its loud 'har, har, har' call can be heard in the mornings and evenings.

## Kwarara Hijani

Ingawa ndege huyu huishi katika mabwawa na kando ya mito, inapatikana pia kwa miji wakilia na sauti kubwa ya 'har, har, har' ikisikika asubuhi na jioni.

## Hagedasch-Ibis

Meist lebt dieser Vogel in Sumpf- und Morastgebieten und an Flüssen. Aber du triffst ihn auch oft in Städten an, wo du sein lautes „har-har-har" morgens und abends hören kannst.

## Ibis hagedash

Cet oiseau vit principalement dans les marais et les marécages et près des rivières. Toutefois on le voit souvent dans les villes. Le matin et le soir on peut entendre son cri bruyant qui fait 'haa, haa, haa'.

# African Sacred Ibis

This black-and-white bird has a bare head and neck. It can be found in marshes, swamps and damp pastures. It was considered sacred by the ancient Egyptians, which explains its name.

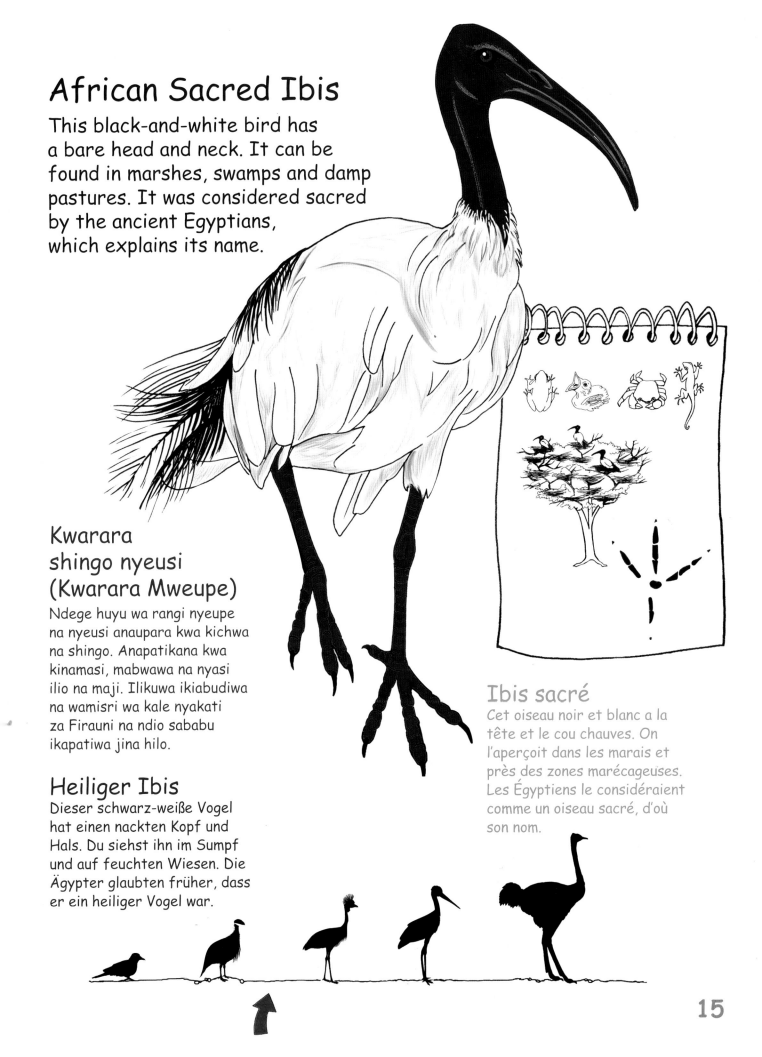

## Kwarara shingo nyeusi (Kwarara Mweupe)

Ndege huyu wa rangi nyeupe na nyeusi anaupara kwa kichwa na shingo. Anapatikana kwa kinamasi, mabwawa na nyasi ilio na maji. Ilikuwa ikiabudiwa na wamisri wa kale nyakati za Firauni na ndio sababu ikapatiwa jina hilo.

## Heiliger Ibis

Dieser schwarz-weiße Vogel hat einen nackten Kopf und Hals. Du siehst ihn im Sumpf und auf feuchten Wiesen. Die Ägypter glaubten früher, dass er ein heiliger Vogel war.

## Ibis sacré

Cet oiseau noir et blanc a la tête et le cou chauves. On l'aperçoit dans les marais et près des zones marécageuses. Les Égyptiens le considéraient comme un oiseau sacré, d'où son nom.

# Egyptian Goose

This large and distinctive bird is usually found along the banks of rivers and lakes. Pairs defend their territories very aggressively by making loud honking calls and chasing away intruders.

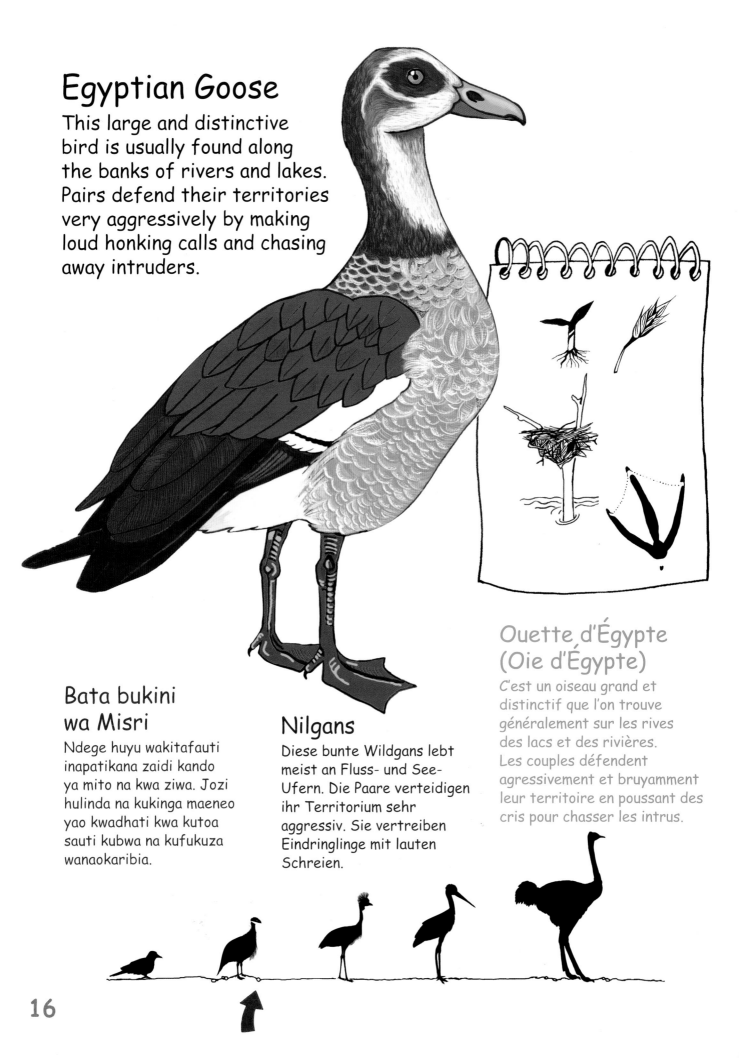

## Bata bukini wa Misri

Ndege huyu wakitafauti inapatikana zaidi kando ya mito na kwa ziwa. Jozi hulinda na kukinga maeneo yao kwadhati kwa kutoa sauti kubwa na kufukuza wanaokaribia.

## Nilgans

Diese bunte Wildgans lebt meist an Fluss- und See-Ufern. Die Paare verteidigen ihr Territorium sehr aggressiv. Sie vertreiben Eindringlinge mit lauten Schreien.

## Ouette d'Égypte (Oie d'Égypte)

C'est un oiseau grand et distinctif que l'on trouve généralement sur les rives des lacs et des rivières. Les couples défendent agressivement et bruyamment leur territoire en poussant des cris pour chasser les intrus.

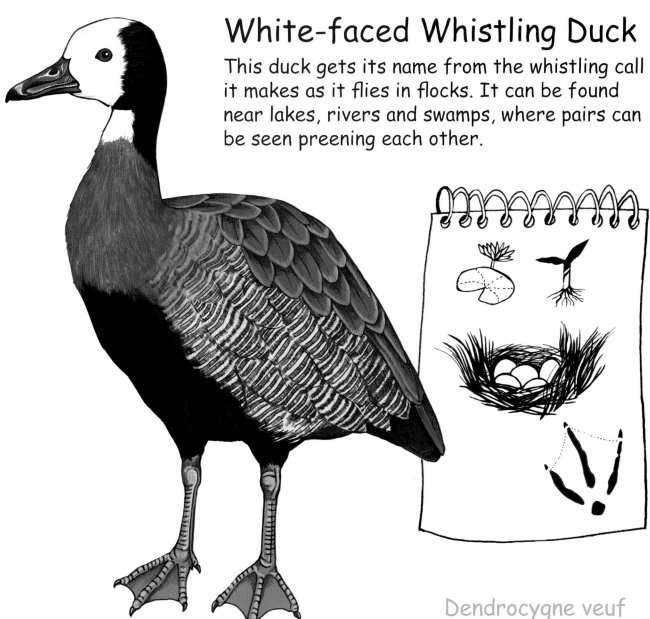

# White-faced Whistling Duck

This duck gets its name from the whistling call it makes as it flies in flocks. It can be found near lakes, rivers and swamps, where pairs can be seen preening each other.

## Bata miti uso mweupe

Bata huyu amepata jina hili kwa sababu ya kupiga mbinja wakati wakupeperuka. Hupatikana karibu na ziwa, mito na mabwawa wakijisafisha.

## Witwenpfeifgans

Diese Ente hat ihren Namen bekommen, weil sie einen pfeifenden Ruf ausstößt, wenn sie in Schwärmen fliegt. Sie lebt an Seen, Flüssen und in Sümpfen, wo du beobachten kannst, wie Paare sich putzen.

## Dendrocygne veuf

Surnommé 'canard siffleur' en raison des cris sonores qu'il émet pour garder le contact quand il vole en groupes. On peut l'apercevoir près des lacs, des rivières et des marais où les couples souvent se lissent les plumes.

# Lappet-faced Vulture

This large, aggressive vulture usually dominates other vultures at kills. With its sharp bill it can easily tear open an animal carcass. It can be seen soaring in the sky above our wildlife areas.

## Tumbusi Ngusha

Ndege mkubwa huyu anatabia ya kufukuza na kupigana na ndege wengine wakiwa kwa malisho. Mdomo wake mkali hutumika kuraruwa mnyama aliekufa. Anaonekana akiumbia kwa mbuga za wanyama wa pori.

## Ohrengeier

Dieser große, aggressive Geier dominiert gewöhnlich die anderen Geier an Aas. Mit seinem scharfen Schnabel kann er leicht Aas aufreißen. Du siehst ihn in unseren Naturparks hoch in der Luft kreisen.

## Vautour oricou

Ce vautour grand et agressif domine les autres vautours autour des carcasses d'animaux. Avec son bec puissant il peut facilement déchirer la peau des carcasses. On peut le voir planer dans les airs au-dessus des endroits sauvages.

# African Fish Eagle

This is a well known and easily recognised bird whose loud yelping call is a characteristic sound of Africa. It feeds mostly on fish, which it catches in its sharp talons.

## Furukombe
## (Tai mlasamaki)

Ndege huyu mashuhiri anatambulika kwa urahisi kwa sauti ya jibwa. Chakula chake ni samaki na hutumia makucha yake makali kushika samaki hao.

## Schreiseeadler

Dieses ist ein bekannter Vogel, der leicht zu erkennen ist. Sein lauter, jaulender Ruf ist ein typisch afrikanischer Klang. Er frisst hauptsächlich Fische, die er mit seinen scharfen Krallen fängt.

## Pygargue vocifère

C'est un oiseau que l'on peut reconnaître facilement grâce à son cri très particulier et caractéristique de l'Afrique. Il se nourrit surtout de poissons qu'il attrape dans ses serres.

# Bateleur

This eagle is common in our wildlife areas. It rocks from side to side when it flies, displaying its very short red tail, black body and mostly white wings.

## Pungu

Tai huyu hupatikana kwa mbuga za wanyama wa pori. Akipeperuka ndege huyo hupembeza kando kwa kando akiruka.

## Gaukler

Diesen Adler gibt es in oft unseren Naturparks. Beim Fliegen schwingt er sich hin und her und zeigt seine kurzen roten Schwanzfedern, den schwarzen Körper und die meist weißen Flügel.

## Bateleur des savanes

On peut souvent voir cet aigle dans nos régions sauvages. Il se balance d'un côté à l'autre quand il vole, déployant une queue rouge et très courte, un corps noir et des ailes en grande partie blanches.

# Black-shouldered Kite

This fairly common bird of prey hovers in the sky looking for rodents. It is often seen perching on telephone posts and has a habit of slowly raising and lowering its tail while perched.

## Mwewe Kipupwe (Mwewe bawa jeusi)

Ndege huyu mwindaji apatikana kwa uwingi ikipeperuka kutafuta panya na wanyama wengine wadogo. Inaonekana ikipaa juu ya milingoti ya simu na kuinua na kuteremsha mkia wake.

## Gleitaar

Dieser Vogel kommt ziemlich häufig vor. Er schwebt in der Luft, von wo aus er Nagetiere sucht. Er sitzt gerne auf Telegraphenstangen und bewegt seinen Schwanz sanft auf und nieder, wenn er so hockt.

## Elanion blanc

Cet oiseau assez répandu dans notre région plane dans le ciel à la recherche de rongeurs. On l'aperçoit en général perché sur les poteaux télégraphiques où il a l'habitude de lever et baisser lentement la queue.

# Yellow-billed Kite

This kite has a distinctively forked tail. It can be seen in the skies above our cities and towns. Its nest is often untidy, with pieces of rag and other materials hanging from it.

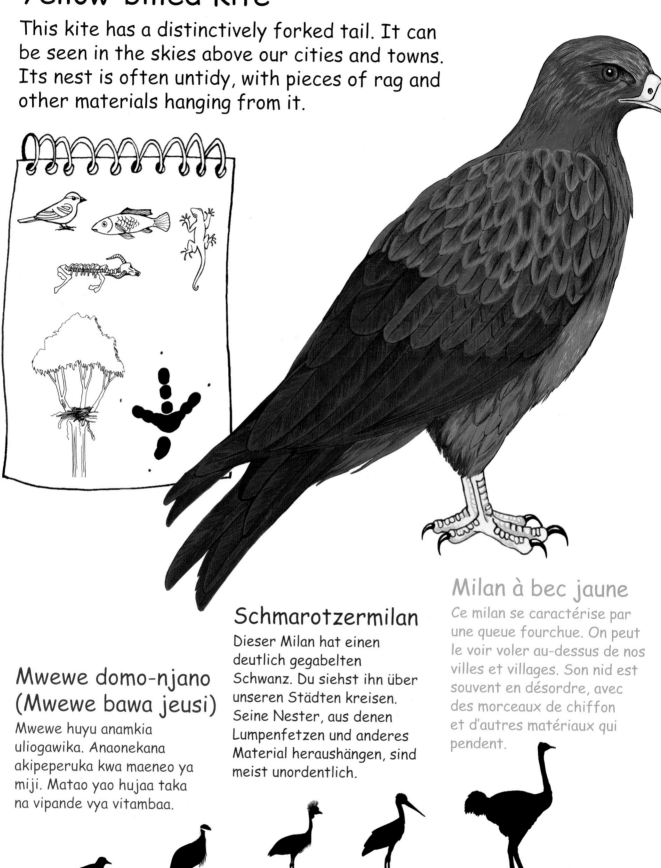

## Mwewe domo-njano (Mwewe bawa jeusi)

Mwewe huyu anamkia uliogawika. Anaonekana akipeperuka kwa maeneo ya miji. Matao yao hujaa taka na vipande vya vitambaa.

## Schmarotzermilan

Dieser Milan hat einen deutlich gegabelten Schwanz. Du siehst ihn über unseren Städten kreisen. Seine Nester, aus denen Lumpenfetzen und anderes Material heraushängen, sind meist unordentlich.

## Milan à bec jaune

Ce milan se caractérise par une queue fourchue. On peut le voir voler au-dessus de nos villes et villages. Son nid est souvent en désordre, avec des morceaux de chiffon et d'autres matériaux qui pendent.

# Vulturine Guineafowl

This well-known East African bird gathers in noisy flocks that scratch the ground in search of seeds, especially in the morning and evening. Guineafowls love to dust bathe.

## Kicheleko (aina ya Kanga)

Huyo ndege ajulikana sana Africa Mashariki na hukusanyika kwa vikundi na hukuna kuna ardhi wakitafuta mbegu wakati wa asubuhi na alfajiri. Huyu kanga hupenda kuogelea na vumbi ya mchanga.

## Geierperlhuhn

Dieser bekannte ost-afrikanische Vogel lebt in lauten Trupps. Morgens und abends kratzen sie gern am Boden und suchen Körner. Perlhühner nehmen gern Staub-Bäder.

## Pintade vulturine

C'est un oiseau bien connu en Afrique de l'Est qui se déplace en groupes bruyants et qui gratte le sol à la recherche de graines, spécialement le matin et le soir. Les pintades adorent prendre un bain de poussière.

# Kori Bustard

This is the world's largest flying bird. When the male wants to attract a female, he stands erect with his neck inflated and his tail raised over his back.

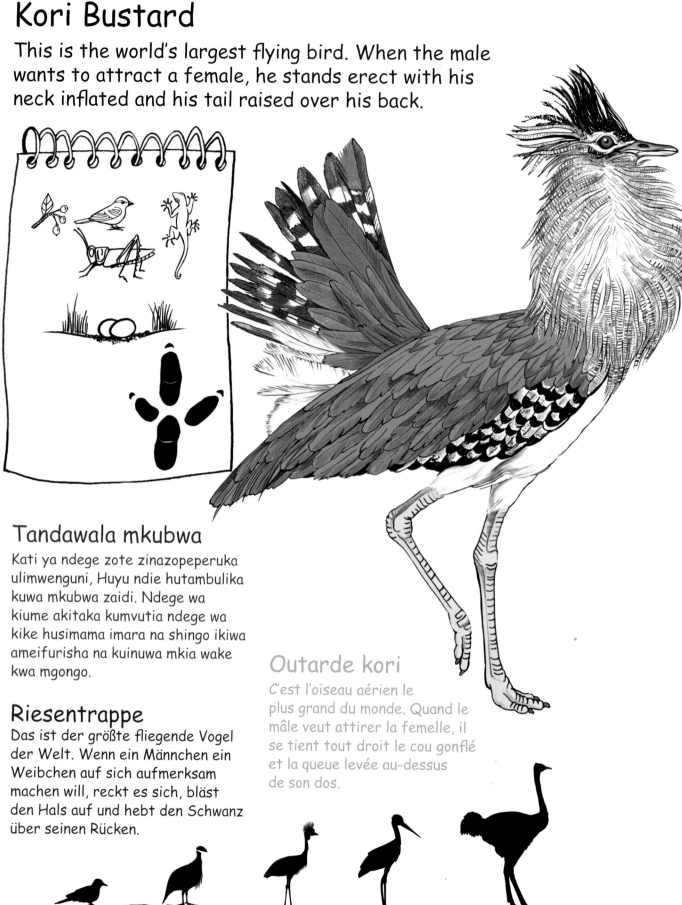

## Tandawala mkubwa

Kati ya ndege zote zinazopeperuka ulimwenguni, Huyu ndie hutambulika kuwa mkubwa zaidi. Ndege wa kiume akitaka kumvutia ndege wa kike husimama imara na shingo ikiwa ameifurisha na kuinuwa mkia wake kwa mgongo.

## Riesentrappe

Das ist der größte fliegende Vogel der Welt. Wenn ein Männchen ein Weibchen auf sich aufmerksam machen will, reckt es sich, bläst den Hals auf und hebt den Schwanz über seinen Rücken.

## Outarde kori

C'est l'oiseau aérien le plus grand du monde. Quand le mâle veut attirer la femelle, il se tient tout droit le cou gonflé et la queue levée au-dessus de son dos.

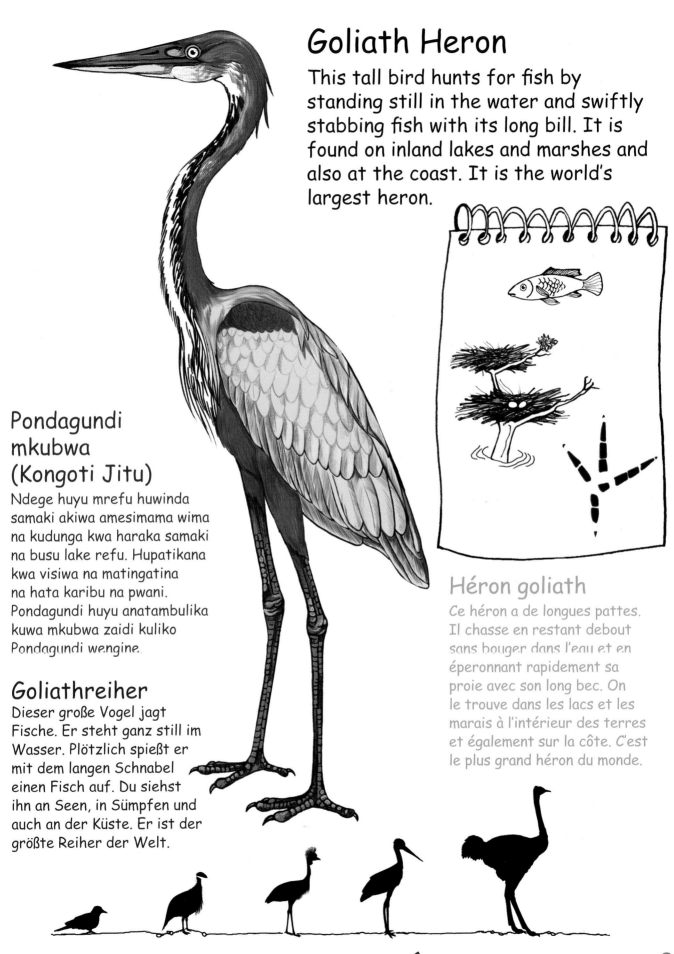

# Goliath Heron

This tall bird hunts for fish by standing still in the water and swiftly stabbing fish with its long bill. It is found on inland lakes and marshes and also at the coast. It is the world's largest heron.

## Pondagundi mkubwa (Kongoti Jitu)

Ndege huyu mrefu huwinda samaki akiwa amesimama wima na kudunga kwa haraka samaki na busu lake refu. Hupatikana kwa visiwa na matingatina na hata karibu na pwani. Pondagundi huyu anatambulika kuwa mkubwa zaidi kuliko Pondagundi wengine.

## Goliathreiher

Dieser große Vogel jagt Fische. Er steht ganz still im Wasser. Plötzlich spießt er mit dem langen Schnabel einen Fisch auf. Du siehst ihn an Seen, in Sümpfen und auch an der Küste. Er ist der größte Reiher der Welt.

## Héron goliath

Ce héron a de longues pattes. Il chasse en restant debout sans bouger dans l'eau et en éperonnant rapidement sa proie avec son long bec. On le trouve dans les lacs et les marais à l'intérieur des terres et également sur la côte. C'est le plus grand héron du monde.

# Yellow-necked Spurfowl

In the early mornings or late afternoons, this bird can be seen sitting on top of a termite mound or bush, calling loudly. It can become quite tame.

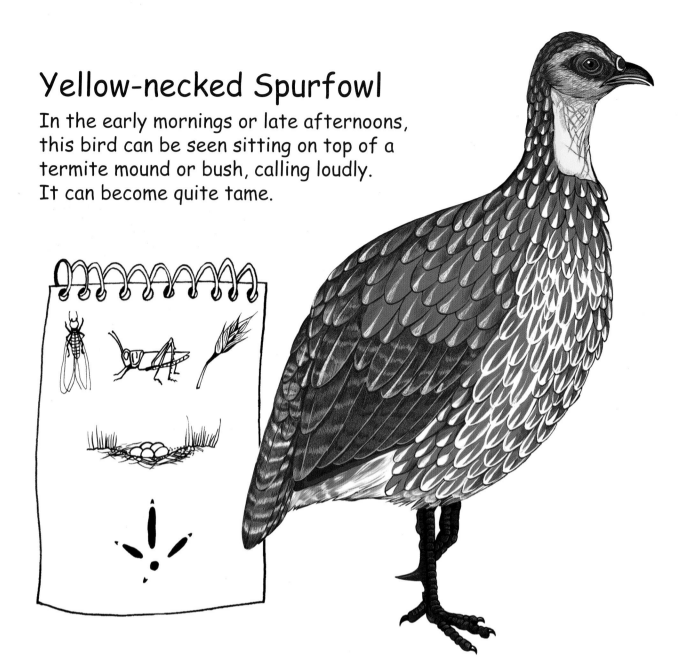

## Kereng'ende shingo njano (Kwali Shingo-njano)

Wakati wa alfajiri ama alasiri, ndege huyu hupatikana amekaa juu ya nyumba ya mchwa au porini akiitana na sauti ya juu. Huyu ndege anaweza kufugwa.

## Gelbkehlfrankolin

Früh morgens und am späten Nachmittag siehst du diesen Vogel laut schreiend auf Termitenhügeln oder Büschen sitzen. Er kann sehr zahm werden.

## Francolin à cou jaune

Tôt le matin ou tard l'après-midi, on peut apercevoir cet oiseau assis en haut d'une termitière ou d'un buisson, émettant des cris bruyants. Il n'est pas farouche du tout.

# African Jacana

The jacana's long toes allow it to walk on top of water lily leaves. After the female lays her eggs, she leaves it to the male to incubate and rear the chicks on his own.

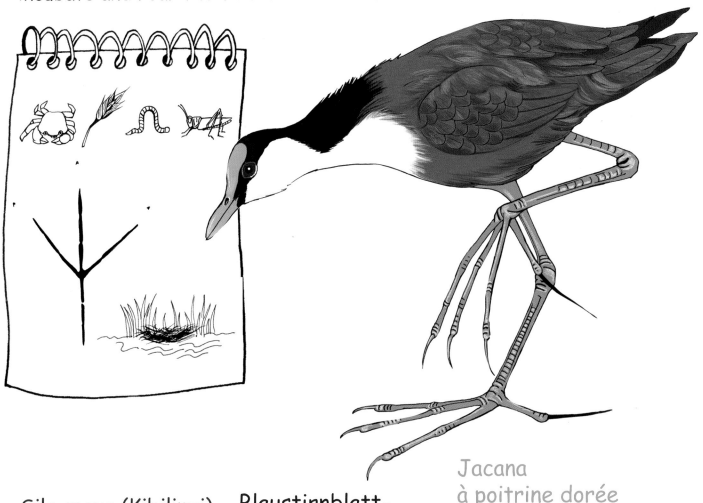

## Sile-maua (Kibilinzi)

Huyu sile ana makucha marefu yanayomwezesha kutembeleya matawi ya maji. Baada ya kike kutaga mayai, anawachia ndege wa kiume atamia na kufuga vifaranga peke yake.

## Blaustirnblatt-hühnchen

Mit seinen langen Zehen kann es problemlos auf Seerosen-blättern umherlaufen. Nach-dem das Weibchen seine Eier gelegt hat, lässt es das Männchen brüten und die Küken aufziehen.

## Jacana à poitrine dorée

Ses longues pattes et doigts et ongles permettent à ce jacana de marcher sur les feuilles flottantes des nénuphars. Une fois ses oeufs pondus, la femelle laisse au mâle le soin de les incuber et d'élever les petits.

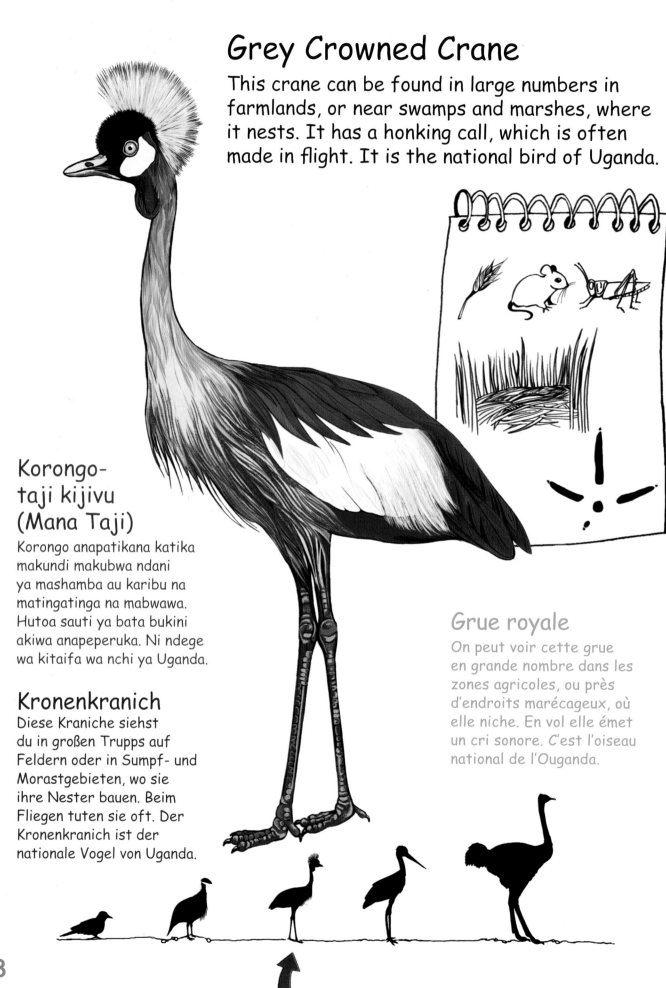

# Grey Crowned Crane

This crane can be found in large numbers in farmlands, or near swamps and marshes, where it nests. It has a honking call, which is often made in flight. It is the national bird of Uganda.

## Korongo-taji kijivu (Mana Taji)

Korongo anapatikana katika makundi makubwa ndani ya mashamba au karibu na matingatinga na mabwawa. Hutoa sauti ya bata bukini akiwa anapeperuka. Ni ndege wa kitaifa wa nchi ya Uganda.

## Kronenkranich

Diese Kraniche siehst du in großen Trupps auf Feldern oder in Sumpf- und Morastgebieten, wo sie ihre Nester bauen. Beim Fliegen tuten sie oft. Der Kronenkranich ist der nationale Vogel von Uganda.

## Grue royale

On peut voir cette grue en grande nombre dans les zones agricoles, ou près d'endroits marécageux, où elle niche. En vol elle émet un cri sonore. C'est l'oiseau national de l'Ouganda.

# Secretary Bird

This long-legged bird strides across the grassland and open plains as it hunts for snakes and rodents.

## Karani tamba

Ndege huyu alienamiguu mirefu na hutembea mbuga na mahala wazi akiwinda nyoka na wanyama wadogo.

## Sekretär

Dieser langbeinige Vogel stolziert über Wiesen und Felder. Er jagt Schlangen und Nagetiere.

## Messager serpentaire

Cet oiseau aux longues pattes arpente les savanes et les espaces découverts à l'affût des serpents et des rongeurs.

# Black-winged Stilt

This black-and-white bird has very long, pink-red legs and a long, thin black bill. It lives in the alkaline and fresh-water lakes of the Rift Valley.

## Msese milonjo (Msese Bawanyeusi)

Huyu ndege niwarangi nyeusi na nyeupe. Ana miguu ya rangi ya waridi na nyekundu. Busu yake ni ndefu na ni nyeusi. Ndege huyu hukaa kwenye visiwa vya maji ya chumvi na pia visiwa vya maji safi zilizoko katika Bonde la Ufa.

## Stelzenläufer

Dieser schwarz-weiße Vogel hat sehr lange, rosarote Beine und einen langen, dünnen schwarzen Schnabel. Er lebt in den alkalischen Süßwasser-Seen im Rift Valley.

## Echasse blanche

Cet oiseau noir et blanc a de très longues pattes rose-rouge et un long bec effilé et noir. Il vit dans les eaux douces et alcalines des lacs de la vallée du Rift.

# Blacksmith Lapwing

This black-and-white bird gets its name from its 'tink tink' call, which sounds like a blacksmith's hammer hitting against metal.

## Kiluwiluwi Fundichuma (Ndoero-Mweusi)

Huyu ndege ana rangi ya nyeusi na nyeupe na hupata jina yake kutoka sauti yake 'tink tink' ambayo hufananisha na nyundo ya mhunzi akichapa chuma.

## Waffenkiebitz

Dieser schwarz-weiße Vogel hat seinen Namen bekommen, weil sein ‚tink-tink'-Ruf so klingt, wie ein Schmied, der auf Metall hämmert.

## Vanneau armé

Cet oiseau noir et blanc doit son nom au cri d'alarme cliquetant et métallique qu'il émet.

# Grey-headed Gull

This gull is very sociable and likes to gather in noisy flocks on the inland lakes of the Rift Valley. It feeds by hovering above the water, where it catches insects.

## Shakwe kichwa kijivu

Shakwe huyu ni ndege bashasha na hukusanyika kwa vikundi vilio na kelele karibu na visima za Bonde la Ufa. Ndege hawa huelea juu ya maji na kushika wadudu.

## Graukopfmöwe

Diese Möwen sind sehr gesellig. Sie sammeln sich in krakeelenden Schwärmen auf den Binnenseen im Rift Valley. Sie fressen Insekten, die sie sich schnappen, wenn sie über der Wasseroberfläche fliegen.

## Mouette à tête grise

C'est une mouette très sociable et elle aime se déplacer en groupes bruyants sur les lacs de la vallée du Rift. Elle se nourrit en voltigeant au-dessus de la surface de l'eau pour attraper des insectes.

# Speckled Pigeon

This pigeon lives on rocky hillsides but has also moved into towns, where it nests on window ledges and roofs of tall buildings. Pigeons that live in towns often become quite tame.

## Kunda madoa (Njiwa madoa)

Huyu Kunda ama Njiwa huishi sehemu ya milima zilizo na mawe lakini pia hupatikana karibu na miji mahali ambapo hutaga mayai kwa ubavu wa madirisha na paa za mijengo mirefu. Wanauzoefu na binadamu kwa miji.

## Guineataube

Diese Taube lebt auf felsigen Hügeln, jetzt aber auch in Städten, wo sie ihr Nest auf Fensterbrettern und Dächern von hohen Gebäuden baut. In Städten werden Tauben oft recht zahm.

## Pigeon roussard

Ce pigeon habite dans des collines rocailleuses mais on le trouve aussi dans les villes où il niche sur les rebords des fenêtres et sur les toits des immeubles. En ville, il s'apprivoise facilement.

# Ring-necked Dove

This dove is common in our wildlife areas and large groups often congregate at water holes. In southern Africa, it is known as the Cape Turtle Dove.

## Tetere Mdogo

Huyu tetere hupatikana sana kwenye mbuga za wanyama na wakiwa wengi hupatikana karibu na mabawa ya maji. Huko Afrika Kusini hujulikana kama 'Cape Turtle Dove'.

## Gurrtaube

Diese Taube gibt es überall in unseren Naturparks. Große Schwärme versammeln sich oft an Wasserlöchern. Im südlichen Afrika nennt man sie die ‚Kap-Turteltaube'.

## Tourterelle du Cap

Cette tourterelle est fréquente dans nos régions sauvages et on peut souvent voir de grands groupes tourterelles du Cap qui se rassemblent près des points d'eau.

# White-bellied Go-away-bird

This noticeable large grey bird has a white belly, a long tail and a prominent crest on its head. Its call sounds as though it is saying 'go awayaaa', giving it its English name.

## Gowee tumbo jeupe (Shorobo Tumbo Jeupe)

Ndege huyu ana rangi ya majivu na rangi nyeupe kwa sehemu ya tumbo. Ana mkia ndefu na taji kwa kichwa chake. Sauti yake yasikika ikilia 'go awayaaa' ndipo alipata jina lake la kizungu.

## Weißbauch-Lärmvogel

Dieser auffällige, große graue Vogel hat weiße Bauchfedern, einen langen Schwanz und auf seinem Kopf stehen ihm die Federn hoch. Sein Ruf klingt, als ob er schreit: 'Go awayaaa' – geh weg! – und daher kommt auch sein englischer Name, 'Go-Away-Bird'.

## Touraco à ventre blanc

C'est un grand oiseau gris assez frappant. Il a un ventre blanc, une longue queue et une crête proéminente sur la tête. Son cri ressemble aux mots 'Go awayaa' ('allez-vous-en'), ce qui lui donne son nom anglais.

# White-browed Coucal

This coucal lives in thick waterside vegetation. It is sometimes called the 'Water Bottle Bird' because its bubbling call sounds like water being poured out of a bottle.

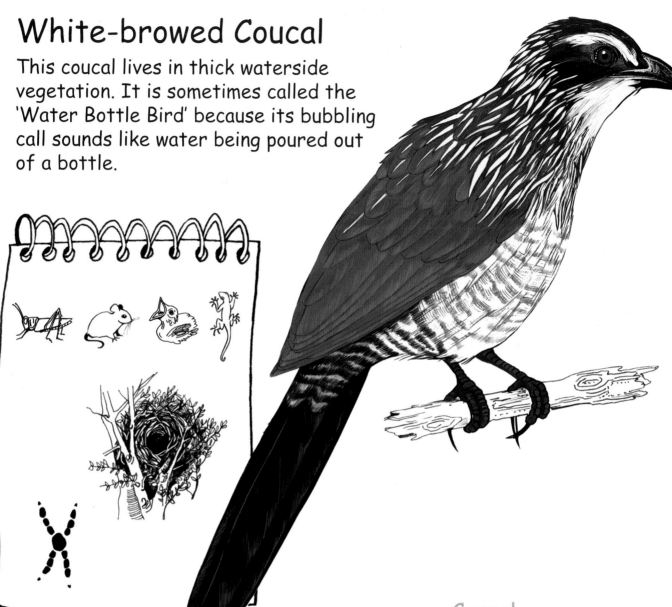

## Dudumizi

Huyu Dudumizi huishi kwenye maeneo ya mimea yalio karibu na maji. Kwa wakati mwengine huitwa 'Water Bottle Bird' ama 'ndege wa maji ya chupa' kwaajili ya sauti yake inayo fanana na maji inayo mwagika kutoka kwa chupa.

## Weißbrauenkuckuck

Dieser Kuckuck lebt im dichten Gebüsch an Ufern. Manchmal wird er auch 'Wasserflaschenvogel' genannt, weil sein gurgelnder Ruf so klingt wie Wasser, das aus einer Flasche läuft.

## Coucal à sourcils blancs

Ce coucal habite dans des endroits où la végétation est dense et marécageuse. On l'appelle parfois 'l'oiseau glou-glou' parce son cri fait penser au bruit que fait l'eau quand on la verse.

# Verreaux's Eagle Owl

By day this large owl likes to sleep in the branches of a large, shady tree. Although some people think its 'hu hu-hu hoo' call brings bad luck, this owl is very useful to us as it eats rats and mice.

## Kokoko

Wakati wa mchana, ndege huyu hupenda kulalia matawi ya mti ilionakivuli. Ingawa watu hufikiria sauti yake 'hu hu hu hoo' huleta bahati mbaya, huyu Kokoko anamanufaa sana kwa binadamu kwa kula kwake panya.

## Blaßuhu

Tagsüber schläft dieser Uhu am liebsten auf den Zweigen großer, schattiger Bäume. Obwohl manche Leute glauben, dass sein Ruf 'hu hu-hu hoo' Pech bringt, ist dieser Uhu für uns sehr nützlich, weil er Ratten und Mäuse frisst.

## Grand-Duc de Verreaux

Pendant la journée ce grand hibou aime dormir dans les branches d'un grand arbre à l'ombre. Bien que des gens pensent que son cri lugubre 'hou-hou' est signe de malheur, ce hibou est très utile car il mange les rats et les souris.

# Speckled Mousebird

This bird is common in towns and gardens. It gets its name from its mouse-like appearance and its habit of creeping around in bushes. It is very unpopular with fruit farmers because it damages their fruit.

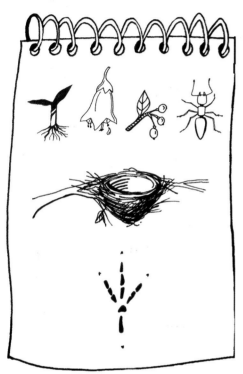

## Kuzumburu michirizi

Ndege huyu hupatikana kwa mitaa na bustani. Jina lake ni kutokana na vile anafanana na panya na tabia yake ya kutambaa chini kwa chini porini. Wakulima wa matunda hawampendi sana kwasababu ya uharibifu wa matunda yao.

## Braunflügelmausvogel

Diesen Vogel siehst du oft in Gärten. Er hat seinen Namen von seiner mausgrauen Farbe und weil er gern in Büschen herumkriecht. Obst-Farmer mögen ihn nicht, weil er ihre Früchte beknabbert.

## Coliou rayé

On voit souvent cet oiseau dans les villes et les jardins. Il est l'ennemi des fermiers car ils picorent et abîment leurs fruits.

# Pied Kingfisher

This kingfisher hunts fish and frogs by hovering over the water and then diving down, beak first, to catch its prey. It hits its prey against a branch or rock to stun it before eating it.

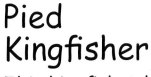

## Detepwani (Kichi Mtilili)

Huyu ndege husaka samaki na chura akiwa anaelea juu ya maji na kupiga mbizi akilenga busu mbele wakati tuu atakapomwona samaki na kumshika windo huyo. Yeye hupiga huyu windo kwa miti au mawe ndipo mnyama huyo azimie kabla hajamla.

## Graufischer

Dieser Fischer fängt Fische und Frösche. Er schwebt über dem Wasser und dann taucht er plötzlich ab, Schnabel voran, um seine Beute aufzuspießen. Bevor er sie frisst, schlägt er sie gegen einen Zweig oder Stein, um sie zu betäuben.

## Martin-pêcheur pie

Ce Martin-pêcheur chasse les poissons et les grenouilles en volligeant au-dessus de l'eau et en fondant ensuite sur sa proie pour la capturer avec son bec. Puis il la frappe contre une branche ou un rocher pour l'assommer avant de la manger.

# White-fronted Bee-eater

The bee-eater hunts from a low branch for bees, butterflies and insects. Colonies of these colourful birds nest in burrows which they dig in sandy river banks.

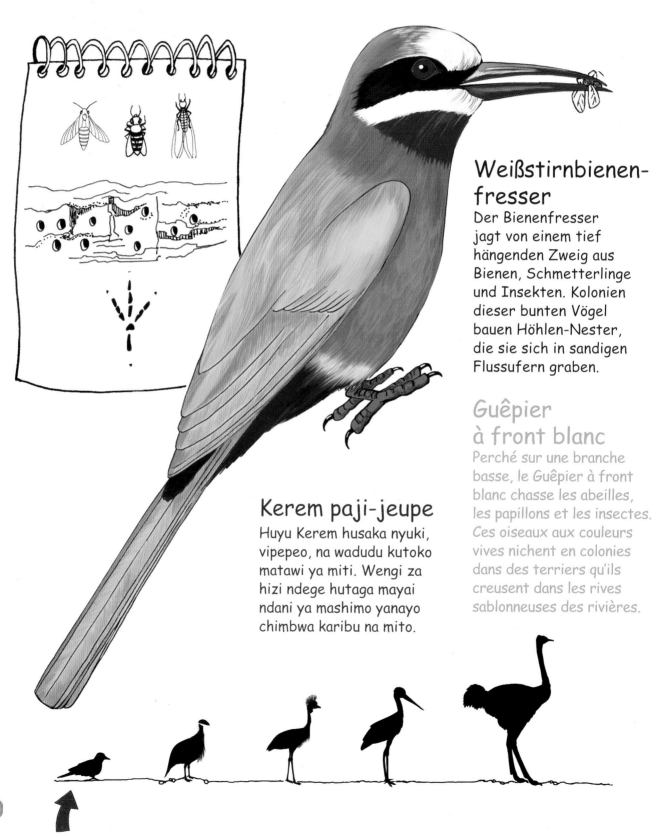

## Weißstirnbienen-fresser

Der Bienenfresser jagt von einem tief hängenden Zweig aus Bienen, Schmetterlinge und Insekten. Kolonien dieser bunten Vögel bauen Höhlen-Nester, die sie sich in sandigen Flussufern graben.

## Guêpier à front blanc

Perché sur une branche basse, le Guêpier à front blanc chasse les abeilles, les papillons et les insectes. Ces oiseaux aux couleurs vives nichent en colonies dans des terriers qu'ils creusent dans les rives sablonneuses des rivières.

## Kerem paji-jeupe

Huyu Kerem husaka nyuki, vipepeo, na wadudu kutoko matawi ya miti. Wengi za hizi ndege hutaga mayai ndani ya mashimo yanayo chimbwa karibu na mito.

# Lilac-breasted Roller

This beautiful bird is common in our wildlife areas. It is usually seen perched in the open from where it swoops down on its prey. Its name comes from the way it sometimes rolls and dives when it flies.

## Kambu (Chole)

Ndege huyu ni maridadi na hupatikana zaidi katika mbuga za wanyama. Huonekana amekaa mahali wazi na kusaka teka lake. Huyu ndege hupata jina lake kutokana na vile ana gaga na kupiga mbizi wakati akipeperuka.

## Gabelracke

Diesen wunderschönen Vogel siehst du oft in unseren Naturparks. Er sitzt meist gut sichtbar auf einem Zweig und von dort aus stößt er auf seine Beute nieder. Beim Fliegen scheint er sich in der Luft zu kugeln.

## Rollier à longs brins

On peut souvent voir cet oiseau magnifique dans nos régions sauvages. Il est généralement perché dans un endroit dégagé d'où il peut faire le guet et fondre sur sa proie. On l'appelle 'rollier' parce qu'il vole en tournoyant et en vrillant.

# Silvery-cheeked Hornbill

This large hornbill is often seen in pairs or small groups feeding on fruit. It is very noisy, particularly when it flies between trees.

## Hondohondo kijivu

Huyu Hondohondo ni mkubwa zaidi na huonekana wakiwa wawili au wakiwa wengi wakila matunda. Hufanya makelele hasa wakati akiruka mti kwa mti.

## Schopfhornvogel

Diese großen Hornvögel siehst du oft in Paaren oder kleinen Gruppen. Sie fressen Früchte. Es sind sehr laute Vögel und sie kreischen, wenn sie von Baum zu Baum fliegen.

## Calao à joues argentées

On aperçoit ce grand calao en couple ou en petits groupes se nourrissant de fruits. Il est très bruyant, surtout quand il vole d'arbre en arbre.

# African Hoopoe

When excited, the hoopoe raises its black-tipped crest like a fan. It uses its long slender bill to dig for insects. The call is a low 'hoo-poo-poo'.

## Hudihudi wa Afrika

Akiwa amesisimuliwa, huyu hudihudi huinua kilemba chake ya rangi nyeusi kama kipepeo. Hutumia busu lake nyembamba kuchimbia wadudu. Hutoa mlio wa chini wa 'hoo-poo-poo'.

## Afrikanischer Wiedehopf

Wenn er aufgeregt ist, stellt sich der außen schwarze Kamm wie ein Fächer hoch. Er gebraucht seinen dünnen Schnabel um nach Insekten zu graben. Sein tiefer Ruf klingt wie ‚hu-pu-pu'.

## Huppe d'Afrique

Quand elle est excitée la Huppe d'Afrique dresse en éventail sa crête marquée de noir Elle utilise son long bec fin pour déterrer des insectes. Son cri est un doux 'ou-pou-pou'.

# Red-and-yellow Barbet

This brightly coloured Barbet is usually found sitting on top of a termite mound. For a nest, it digs a hole into the side of the mound.

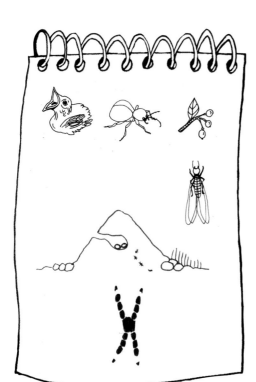

## Zuwakulu kisigajiru

Huyu Zuwakulu ana rangi ya uangavu na huonekana amekaa juu ya kilima cha mchwa. Wakati wa kutaga mayai huchimba shimo kando ya kilima hicho.

## Flammenkopf-Bartvogel

Diesen bunten Bartvogel siehst du meist oben auf Termitenhügeln sitzen. Sein Nest baut er sich in einem Loch, das er seitlich in den Hügel gräbt.

## Barbican à tête rouge

Ce Barbican aux vives couleurs à tête rouge est généralement perché en haut d'une termitière. Pour faire son nid, il creuse un trou sur un côté de la termitière.

# Cardinal Woodpecker

This small woodpecker is often found in gardens. Males and females look different: the top and back of the head is scarlet in the male, but brown in the female.

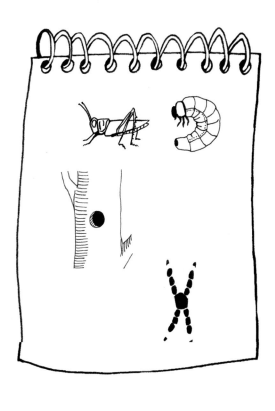

## Kigong'ota mgongo-miraba

Kigong'ota hupatikana sana kwa bustani. Ndege za kiume huonekana tofauti na kike. Juu na upande wa nyuma ya kichwa chake ni rangi ya damu na kwa kike ina rangi ya chai.

## Kardinalspecht

Diesen kleinen Specht triffst du oft in Gärten an. Männchen und Weibchen sehen verschieden aus. Hinterkopf- und Rückenfedern beim Männchen sind purpurrot, aber beim Weibchen braun.

## Pic cardinal

On voit souvent ce petit pic dans les jardins. Les mâles et les femelles ont une apparence différente. Le haut et le bas de la tête est écarlate chez le mâle, mais marron chez la femelle.

# Barn Swallow

This swallow travels long distances each year as it migrates between Europe and East Africa. It comes to Africa in search of food, because there are no insects for it to eat during the cold winter months in Europe.

## Mbayuwayu wa Ulaya

Huyu mbayuwayu hutembea sehemu mbali kila mwaka akisafiri kati ya Ulaya na Afrika Mashariki kwasababu ya ukosefu wa chakula chao cha wadudu huko Ulaya wakati wa baridi kali.

## Rauchschwalbe

Diese Schwalbe fliegt jedes Jahr den weiten Weg zwischen Europa und Ost-Afrika, weil Schwalben Wandervögel sind. Sie kommen wegen des Futters, denn im Winter gibt es in Europa keine Insekten.

## Hirondelle rustique

Cette hirondelle voyage de longues distances chaque année quand elle migre entre l'Europe et l'Afrique de l'Est. Elle vient chercher de quoi se nourrir car il n'y a pas d'insectes à manger pendant les mois froids d'hiver en Europe.

# Common Drongo

It likes to perch on a low branch from which it can fly to catch insects. It can be noisy in the early mornings and evenings, often imitating the calls of other birds.

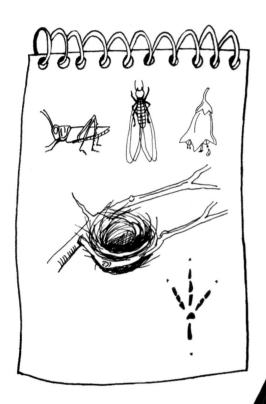

## Mramba ncha

Mramba anapenda kuketi kwa matawi za chini ndipo aweze kuruka kwa urahisi na kushika wadudu. Wakati wa asubuhi na alfajiri hufanya kelele sana na kuiga milio ya ndege wengine.

## Drongo (Gabelschwanz)

Der Drongo setzt sich gern auf tief hängende Zweige. Von dort aus jagt er Insekten. Besonders morgens und abends kann er sehr laut rufen und er macht die Rufe anderer Vögel nach.

## Drongo modeste

Cet oiseau aime se percher sur une branche basse d'où il peut voler pour capturer des insectes. Le matin et le soir il peut être bruyant et imite souvent les cris des autres oiseaux.

# Pied Crow

This crow is common in our towns and villages. It has a variety of calls, and often imitates other noises.

## Kunguru rangi-mbili

Huyu Kunguru hupatikana sana katika miji na vijiji. Ana sauti tofauti tofauti na mara kwa mara huiga sauti nyingine.

## Schildrabe

Diese Raben gibt es in unseren Städten und Dörfern oft. Er hat viele Rufe und macht oft andere Töne nach.

## Corbeau pie

On voit souvent ce corbeau dans nos villes et villages. Il a plusieurs sortes de cris et imite souvent d'autres bruits.

# Common Bulbul

This tame and friendly bird is common in towns, gardens and wildlife areas. It has a conspicuous yellow patch under its tail.

## Shore tako-njano

Huyu ni ndege wa bashasha na rahisi sana kufuga. Hupatikana zaidi kwa miji, bustani na mbuga za wanyama. Mkia wake hua na kiraka cha rangi ya manjano upande wa chini.

## Graubülbül

Dieser zahme und zutrauliche Vogel kommt oft in Städten, Gärten und Naturparks vor. Unter seinem Schwanz hat er einen auffälligen gelben Fleck.

## Bulbul des jardins

Cet oiseau est sociable et n'est pas farouche. On le voit souvent dans les villes, les jardins et les endroits sauvages. Il a une tache jaune bien visible sous la queue.

# Olive Thrush

This bird is common in gardens and towns. It can often be seen hopping along the ground, looking for insects and worms.

## Mkesha-mlima (Kiruwiji Kijanikijivu)

Huyu ndege hupatikana katika bustani na kwa miji. Wakati mwingi huonekana akiruka ruka juu ya ardhi akitafuta wadudu na minyoo.

## Kapdrossel

Diesen Vogel triffst du oft in Gärten und Städten an. Du kannst beobachten, wie er auf der Suche nach Insekten und Würmern umherhüpft.

## Merle olivâtre

On voit souvent ce merle dans nos villes et nos jardins. Il sautille souvent sur le sol à la recherche d'insectes et de vers.

# Cape Robin-Chat

This is a common garden bird in the highlands and can become quite tame. It has a habit of raising and lowering its tail when it perches.

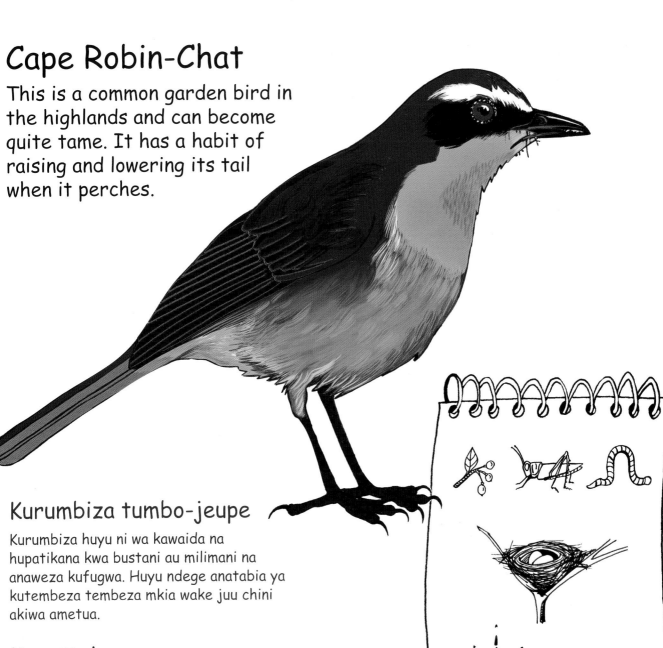

## Kurumbiza tumbo-jeupe

Kurumbiza huyu ni wa kawaida na hupatikana kwa bustani au milimani na anaweza kufugwa. Huyu ndege anatabia ya kutembeza tembeza mkia wake juu chini akiwa ametua.

## Kaprötel

Diesen Gartenvogel siehst du oft im Hochland. Er kann sehr zahm werden. Wenn er sich auf einem Ast niederlässt, schwingt er seinen Schwanz auf und ab.

## Cossyphe du Cap

C'est un oiseau fréquent dans les jardins des hautes terres et qu'on peut apprivoiser facilement. Il a l'habitude de lever et de baisser la queue quand il est perché.

# African Paradise Flycatcher

This bird is mainly chestnut-coloured but, at Lake Baringo, many of the males are mostly white. The male has a very long tail.

## Chechele tumbo-kijivu

Huyu ndege ni wa rangi ya hadarani, lakini katika eneo la Ziwa Baringo, ndege za kiume ni wa rangi nyeupe. Ndege wa kiume ana mkia mrefu sana.

## Paradiesschnäpper

Dieser Schnäpper ist meist rotbraun, aber am Baringo-See sind die meisten Männchen der Art weiß. Das Männchen hat einen sehr langen Schwanz.

## Tchitrec d'Afrique

Cet oiseau est principalement de couleur châtain mais au lac Baringo, de nombreux mâles sont surtout blancs. Le mâle a une très longue queue.

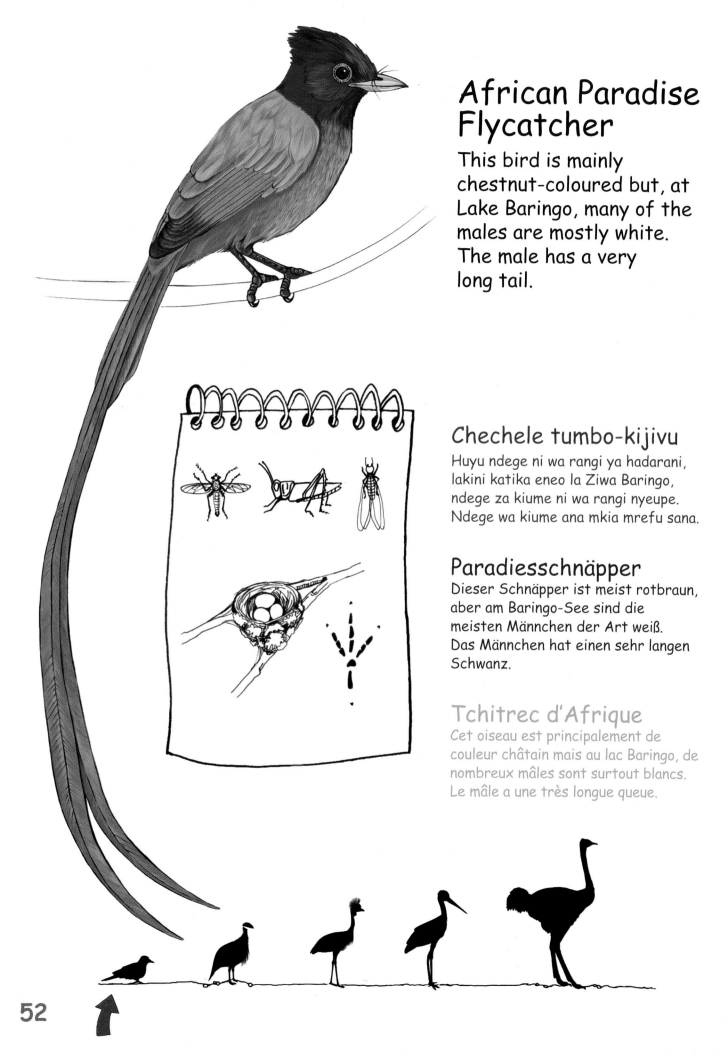

# African Pied Wagtail

This very tame bird is often found in gardens and in towns and villages. It walks along the ground wagging its tail up and down. Many people believe that wagtails bring good luck to their village.

## Tikisa-majumba (Kiluwiluwi Majumba)

Ndege huyu hufugwa sana bustani au kwa mitaa na vijiji. Hutembea juu ya ardhi akisuka mkia wake juu chini. Watu wengi huamini kwamba kusuka kwake kwaleta bahati nasibu vijijini.

## Witwenstelze

Dieser sehr zutrauliche Vogel lebt in Gärten. Während er auf dem Boden herumhüpft, schwingt er seinen Schwanz auf und ab. Viele Leute glauben, dass Witwenstelzen ihrem Dorf Glück bringen.

## Bergeronnette pie

Cet oiseau qui s'apprivoise facilement vit souvent dans les jardins, dans les villes et les villages. Il marche le long du sol en remuant la queue de haut en bas. Beaucoup de gens croient que cet oiseau est un signe de chance pour leur village.

# Common Fiscal

This bird likes to perch on telephone wires. It is sometimes called a 'butcher bird' because it often stores its insect prey on thorns or barbed wire fences.

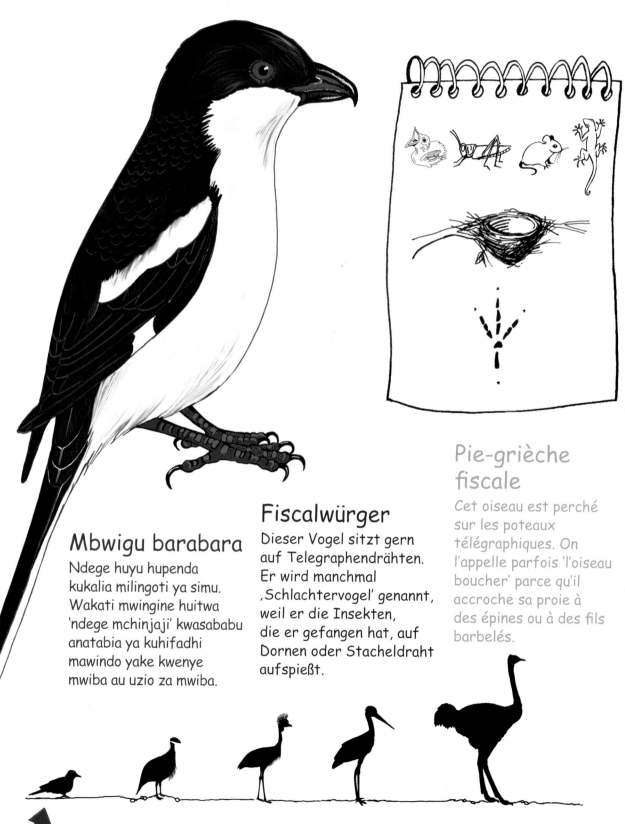

## Mbwigu barabara

Ndege huyu hupenda kukalia milingoti ya simu. Wakati mwingine huitwa 'ndege mchinjaji' kwasababu anatabia ya kuhifadhi mawindo yake kwenye mwiba au uzio za mwiba.

## Fiscalwürger

Dieser Vogel sitzt gern auf Telegraphendrähten. Er wird manchmal ‚Schlachtervogel' genannt, weil er die Insekten, die er gefangen hat, auf Dornen oder Stacheldraht aufspießt.

## Pie-grièche fiscale

Cet oiseau est perché sur les poteaux télégraphiques. On l'appelle parfois 'l'oiseau boucher' parce qu'il accroche sa proie à des épines ou à des fils barbelés.

# Grey-headed Kingfisher

Although it likes to perch in trees along a river bank, this kingfisher eats insects, not fish. It has a conspicuous chestnut belly.

## Kurea tumbo-jekundu

Ingawa huyu ndege anapenda kukaa juu ya miti kando ya mto, Kurea huyu hula wadudu wala sio samaki. Tofauti na Kurea wengine, ndege huyu ana rangi ya chai kwa tumbo lake.

## Graukopfliest

Obwohl dieser Liest am liebsten in den Bäumen an Fluss-Ufern lebt, frisst er Insekten und keine Fische. Er hat auffällige rotbraunen Federn an seiner Bauch.

## Martin-chasseur à tête grise

Bien qu'il aime se percher dans les arbres au bord des rivières, ce Martin-chasseur mange des insectes et pas de poisson. Son ventre est châtain-roux.

# Superb Starling

This eye-catching starling is very tame and friendly, especially at camps and lodges in our wildlife areas. It feeds on the ground, often below acacia trees.

## Kwenzi maridadi (Kuzi Nakaya)

Kwenzi huyu ni wakuvutia sana. Ni rahisi kumfuga ndege huyu na ni bashasha hasa akiwa kwa kambi zilizo karibu na mbuga za wanyama. Malisho yake hupatikana juu ya ardhi haswa chini ya miti ya mwiba wa Acacia.

## Glanzstar

Dieser auffällig schöne Star ist sehr zutraulich, besonders in Camps und bei den Hütten in unseren Naturparks. Er sucht sein Futter am Boden, oft unter Akazien.

## Choucador superbe

Cet étourneau est frappant. Il est sociable et s'apprivoise facilement, surtout dans les camps et les lodges de nos réserves naturelles. Il se nourrit en picorant sur le sol, souvent sous les acacias.

# Red-chested Cuckoo

This bird is not easy to see, but can be heard calling from the tree tops, especially in the rainy season. It is sometimes called the 'rain bird'.

## Kekeo kidari-chekundu

Huyu ndege si rahisi kuonekana, lakini husikika akiitana kutoka juu ya miti, haswa wakati wa mvua. Anajulikana pia kama 'ndege wa mvua'.

## Einsiedlerkuckuck

Diesen Vogel siehst du nur selten, aber du hörst ihn oben in den Bäumen rufen, besonders in der Regenzeit. Darum wird er manchmal ‚Regenvogel' genannt.

## Coucou solitaire

Il n'est pas facile de voir cet oiseau, mais on peut entendre son appel du haut des arbres, spécialement pendant la saison des pluies. On l'appelle parfois 'l'oiseau de la pluie'.

# Yellow-billed Oxpecker

The oxpecker clings to wild animals such as buffalo and impala, feeding on ticks and flakes of dead skin. In return, it warns its host of any danger.

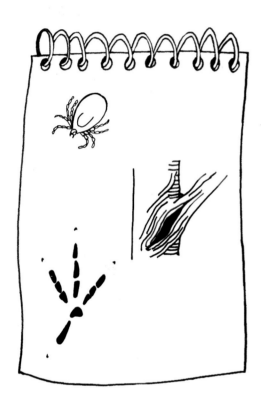

## Shashi domo-njano (askari wa kifaru)

Shashi hupenda kushikamana sana na wanyama wa pori haswa Nyati na Swara, na akila kupe na ngozi iliokauka. Kama malipo, ndege huyu huwaonya pakiwa na hatari yeyote.

## Gelbschnabel-Madenhacker

Der Madenhacker setzt sich wilden Tieren wie Büffeln und Antilopen auf den Rücken, wo er Zecken und tote Haut frisst. Dafür warnt er seinen ‚Gastgeber' mit Schreien vor Gefahr.

## Piqueboeuf à bec jaune

Le Piqueboeuf s'accroche aux animaux sauvages comme le buffle et l'impala, se nourrissant de tiques et de peau morte. En échange, il avertit son hôte s'il y a un danger.

# Scarlet-chested Sunbird

The male has a scarlet chest but the female is dark brown and not nearly as colourful. Sunbirds are common in gardens, where they feed on nectar from flowering plants.

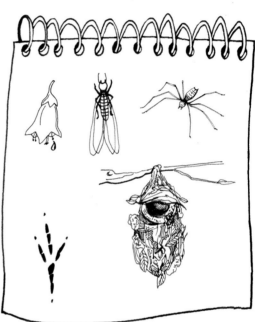

## Neli gunda (Chozi Gunda)

Neli wa kiume hua na kifua cha rangi nyekundu lakini wa kike hua na rangi hadarani na wala hana rangi ya kupendeza. Neli hupatikana sana katika bustani na hunyonya nekta kutoka maua.

## Rotbrust-Nektarvogel

Das Männchen hat purpurrote Federn an der Brust, aber das Weibchen ist dunkelbraun und längst nicht so bunt. Nektarvögel siehst du oft in Gärten. Sie ernähren sich vom Nektar, den sie in Blüten finden.

## Souimanga à poitrine rouge

Le mâle a la poitrine écarlate mais la femelle est marron foncé et pas aussi colorée. On voit souvent les Souimangas dans les jardins, où ils se nourrissent du nectar des fleurs.

# Pin-tailed Whydah

The male bird has a very long tail. When they are courting, the males 'dance' in the air above the female.

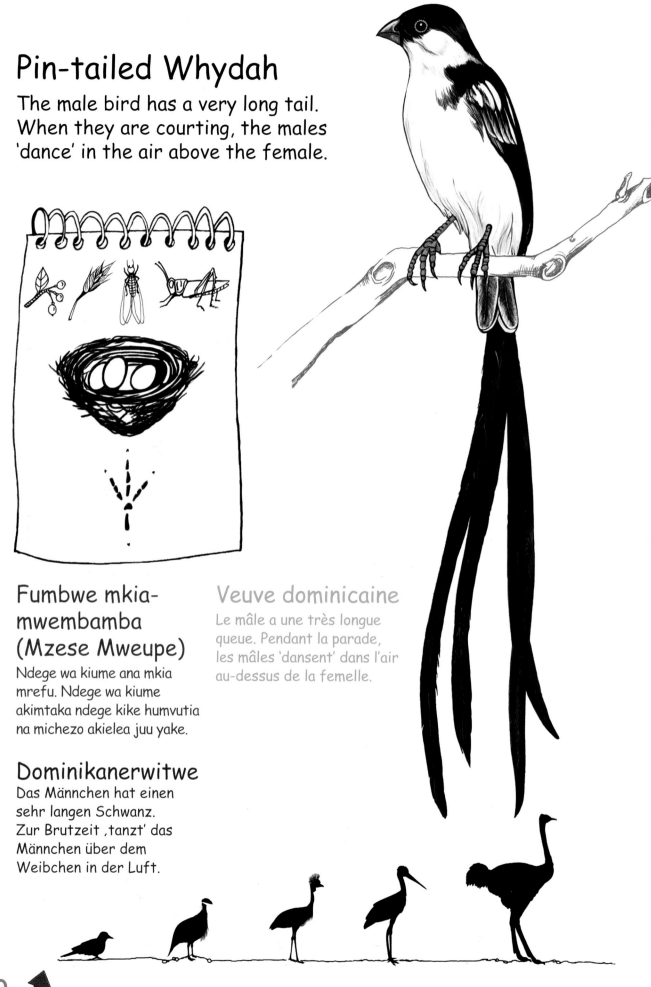

## Fumbwe mkia-mwembamba (Mzese Mweupe)

Ndege wa kiume ana mkia mrefu. Ndege wa kiume akimtaka ndege kike humvutia na michezo akielea juu yake.

## Veuve dominicaine

Le mâle a une très longue queue. Pendant la parade, les mâles 'dansent' dans l'air au-dessus de la femelle.

## Dominikanerwitwe

Das Männchen hat einen sehr langen Schwanz. Zur Brutzeit ,tanzt' das Männchen über dem Weibchen in der Luft.

# Black-headed Weaver

Weaver birds make nests of woven grass, often near water. The male builds many nests until one is chosen by the female, who then lines the nest with soft, fine grass.

## Kwera Kichwa cheusi

Kwera hutengeneza kiota chake akitumia nyasi imeshonwa karibu na maji. Ndege wa kiume hutengeza viota vingi mpaka ndege kike atakapochagua moja na baadaye hutengeaza mfuo kutoka nyasi nyepesi.

## Dorfweber (Textorweber)

Webervögel bauen Nester aus Gras, oft nahe am Wasser. Das Männchen baut viele Nester, bis eins davon einem Weibchen gefällt. Sie polstert es dann mit weichem, dünnem Gras.

## Tisserin gendarme

Les Tisserins font leur nid à l'aide d'herbes tissées, souvent près de l'eau. Le mâle construit beaucoup de nids jusqu'à ce que la femelle en choisisse un, et ensuite elle le tapisse avec des herbes fines et douces.

# Black-winged Red Bishop

During the rainy season, the male bird changes from dull brown to bright red-and-black. When trying to attract a mate, the male puffs out his feathers to become even more eye-catching.

## Kweche mtama (Kweche Mwekundu)

Wakati wa mvua, ndege wa kiume hubadilika rangi ya hanja hadi awe rangi nyekundu na nyeusi. Akiwa wa anataka mke, ndege wa kiume hufurisha manyoya yake ili awewakumvutia macho ndege huyo wa kike.

## Feuerweber

In der Regenzeit ändert das Männchen die Farbe seiner Federn von braun-grau zu leuchtendrot und schwarz. Wenn der Feuerweber ein Weibchen beeindrucken will, stellt er seine Federn auf, damit es ihn noch besser sieht.

## Euplecte monseigneur

Durant la saison des pluies, le mâle change de couleur: de couleur marron terne son plumage devient rouge vif et noir. Pour attirer une femelle, le mâle gonfle ses plumes pour qu'on le remarque bien.

# Long-tailed Widowbird

During the rainy season, the male changes from dull brown to black with red shoulders and a long, floppy tail; the female doesn't change colour. The male flies low, flapping his tail to attract a female.

## Kweche mkia-mrefu

Wakati wa mvua, ndege wa kiume hubadilisha rangi yake kutoka hanja hadi rangi nyeusi na mabega nyekundu na pia mkia mrefu. Ndege wa kike habadilishi rangi. Ndege wa kiume huruka chini kwa chini akipeperusha mkia wake juu chini pia kwa hali ya kumvutia ndege wa kike.

## Hahnschweifwida

In der Regenzeit wird das braun-graue Männchen schwarz mit roten Schultern und einem langen, schwingenden Schwanz. Das Weibchen ändert seine Farbe nicht. Das Männchen fliegt sehr tief und beeindruckt das Weibchen mit seinem schönen Schwanz.

## Euplecte à longue queue

Pendant la saison des pluies, le mâle change de couleur : de couleur marron terne son plumage devient noir avec des épaules rouges et une longue queue lâche; la femelle ne change pas de couleur. Le mâle vole bas, en battant des ailes pour attirer la femelle.

Struik Publishers
(a division of New Holland Publishing
(South Africa) (Pty) Ltd)
Cornelis Struik House
80 McKenzie Street
Cape Town 8001

New Holland Publishing is a member of
Avusa Ltd

Visit us at **www.struik.co.za**

First published in 2008
1 3 5 7 9 10 8 6 4 2

Original series concept by Erroll Cuthbert

Publishing manager: Pippa Parker
Managing editor: Helen de Villiers
Editor: Colette Alves
Designer: Janice Evans
Reproduction by Hirt & Carter Cape (Pty) Ltd
Printed and bound by Times Offset (M) Sdn Bhd

ISBN: 978 1 77007 707 2